MAZE

FOR KIDS

MAZE BOOK

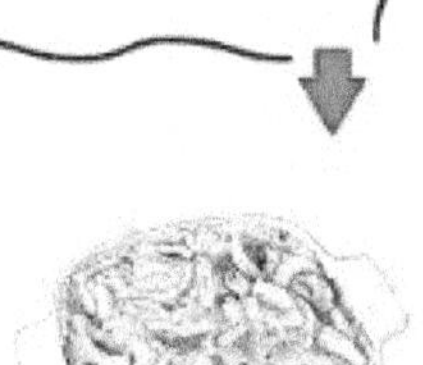

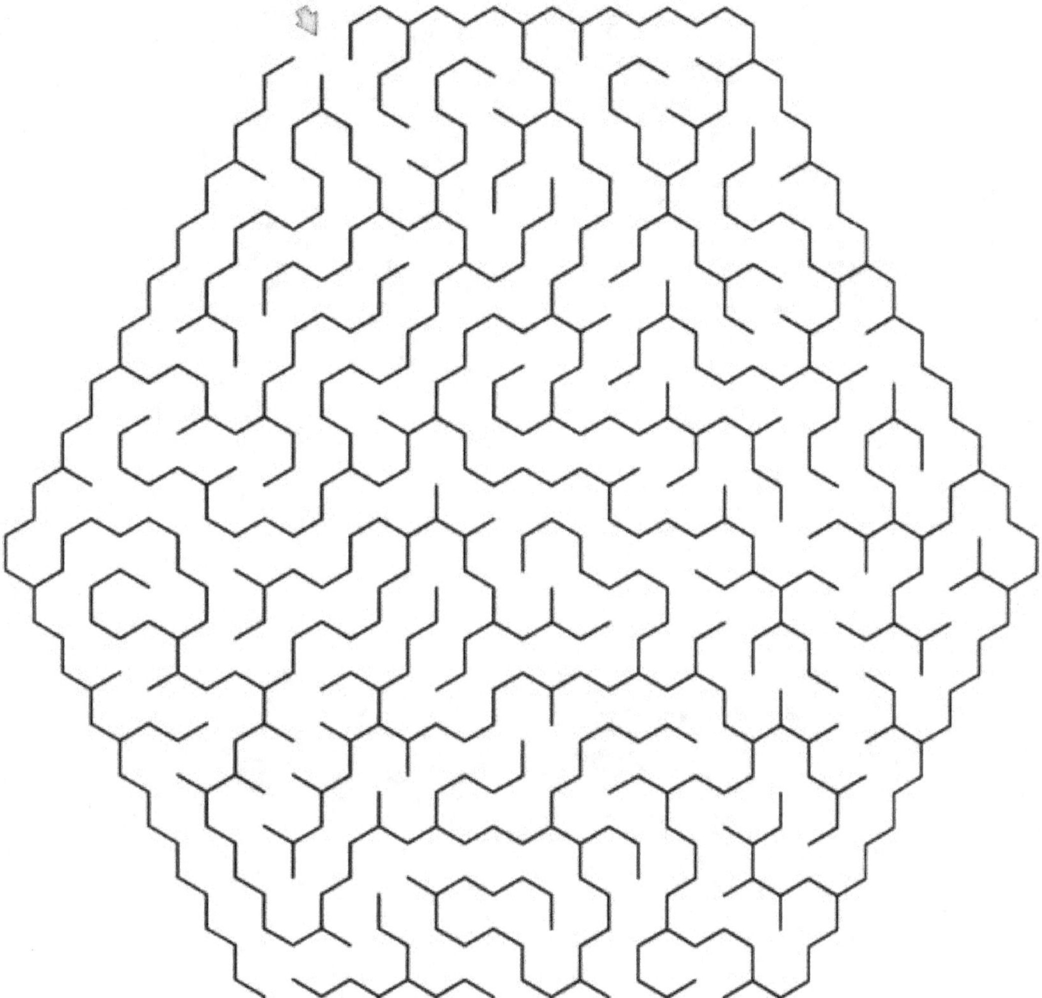

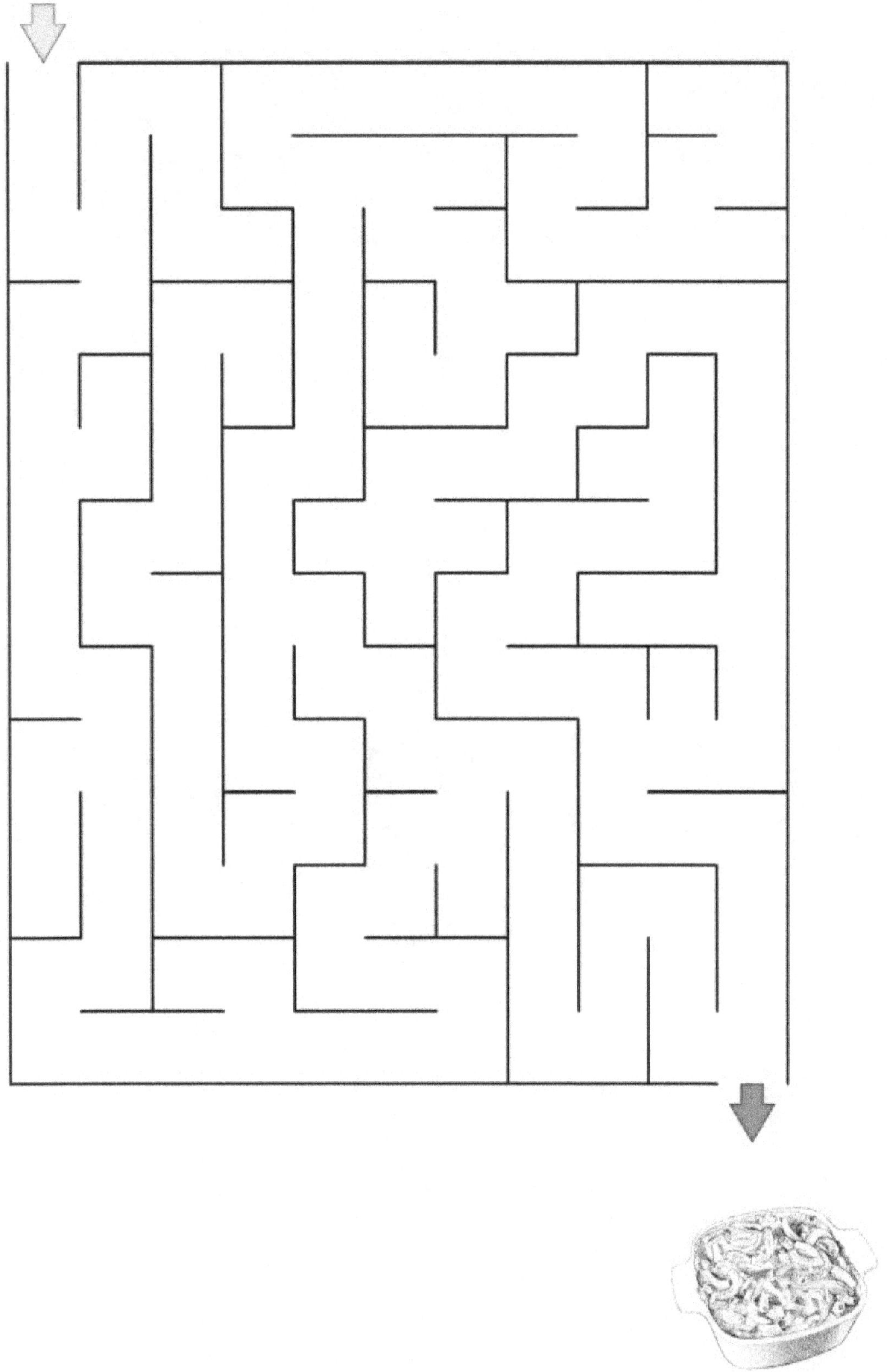

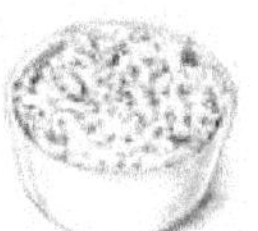

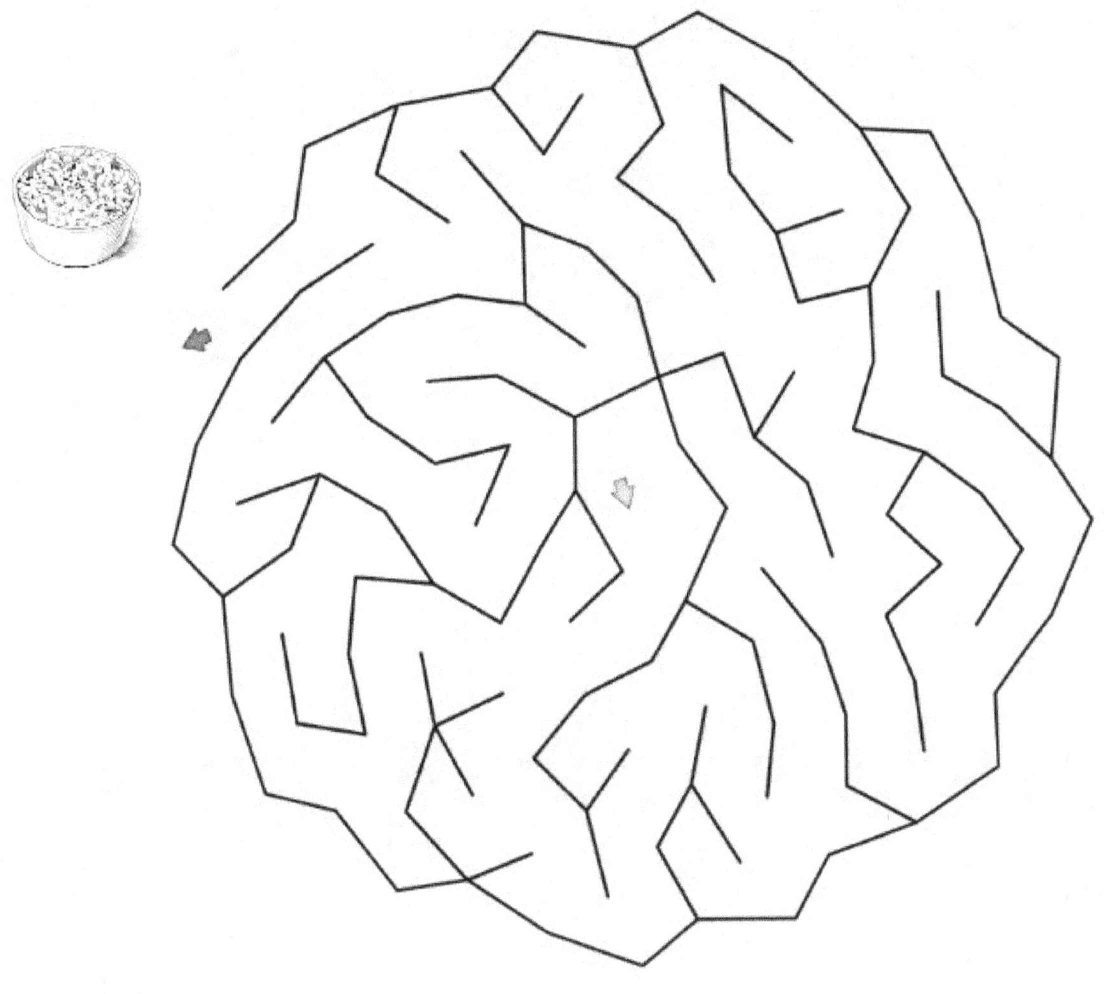

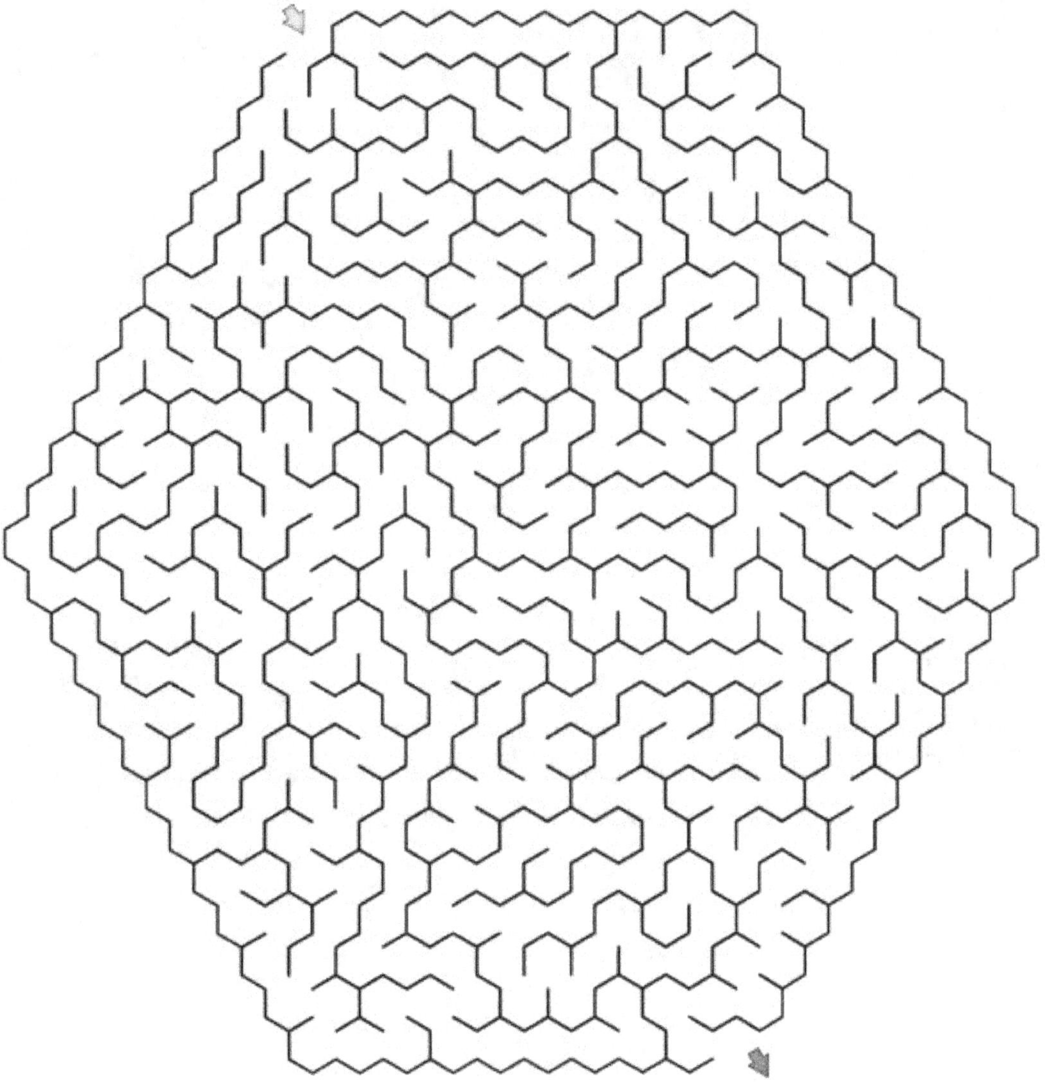

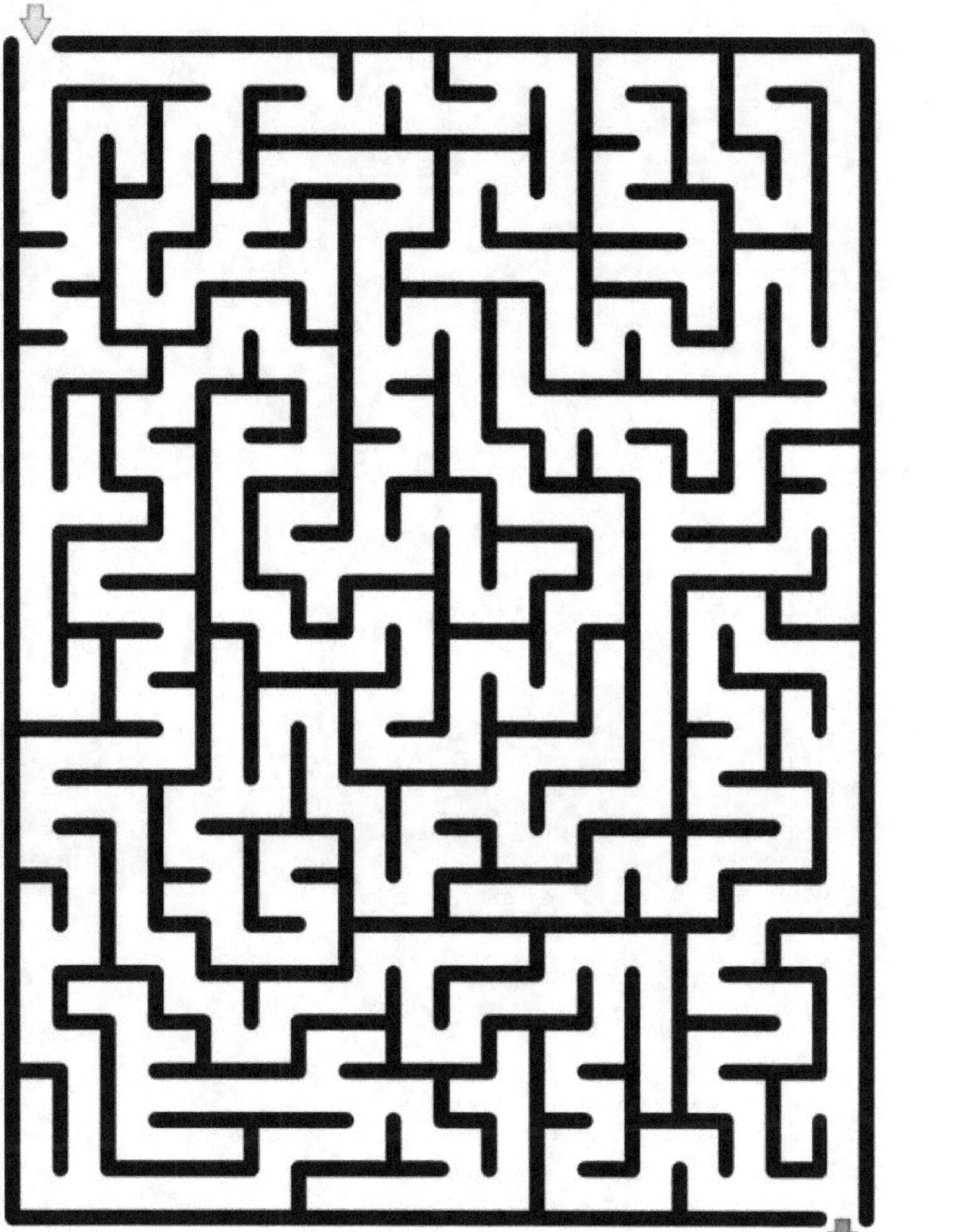

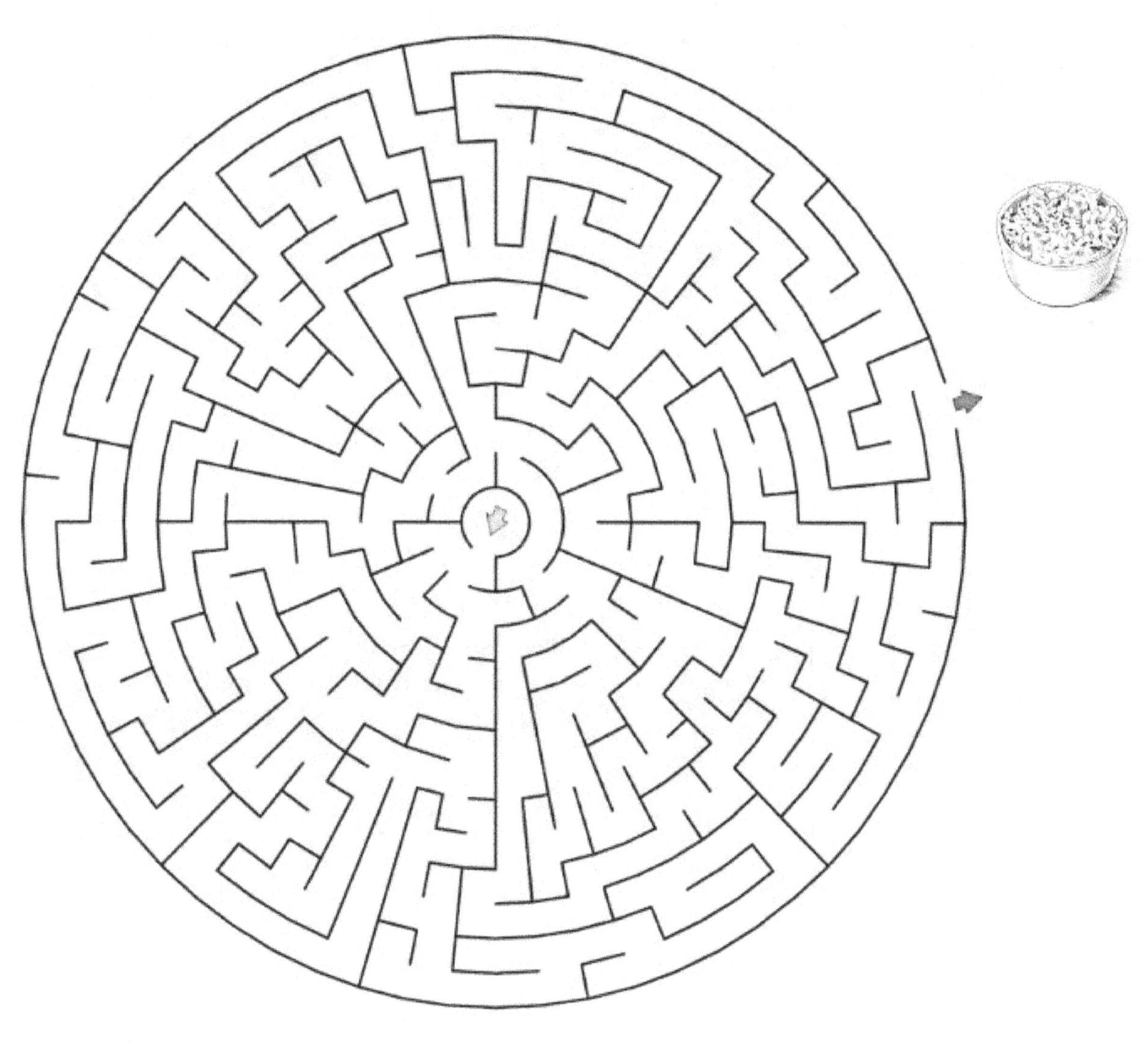

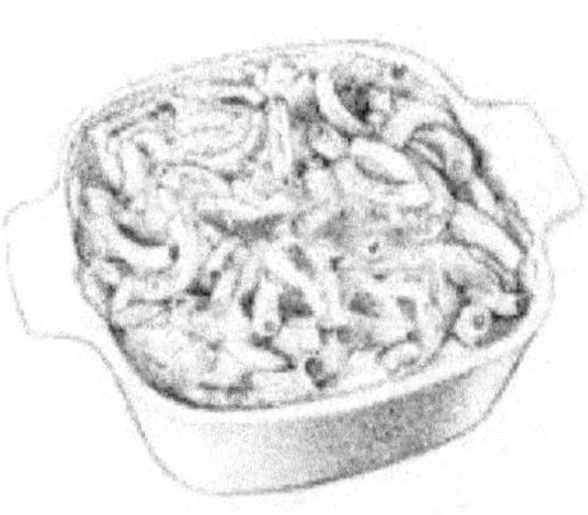

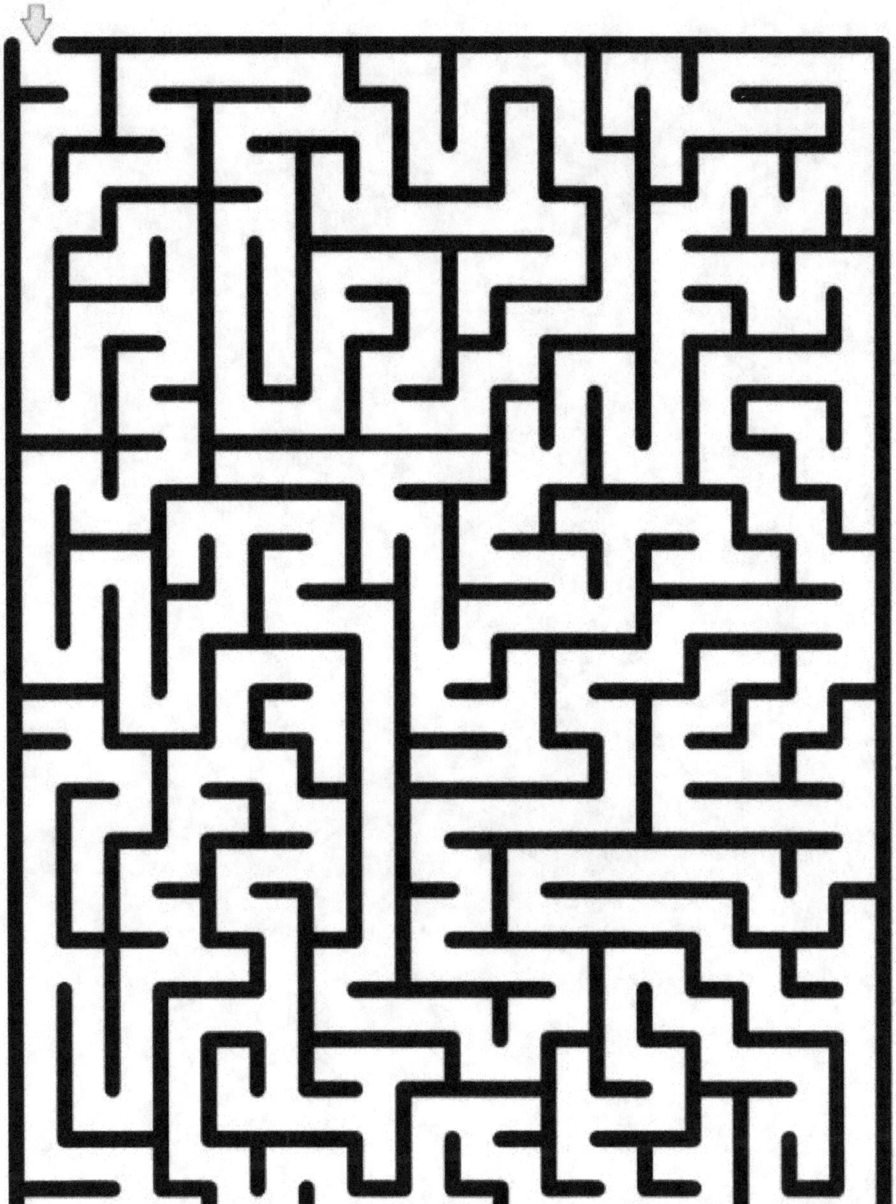

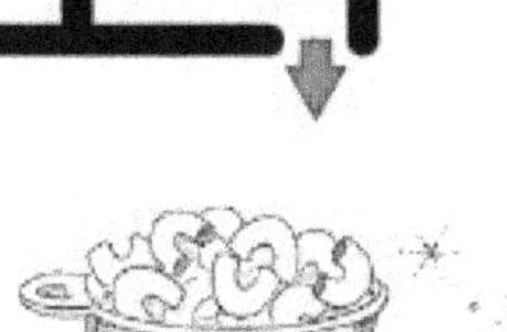

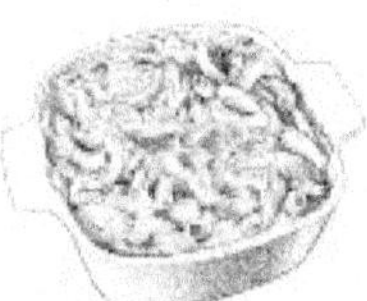

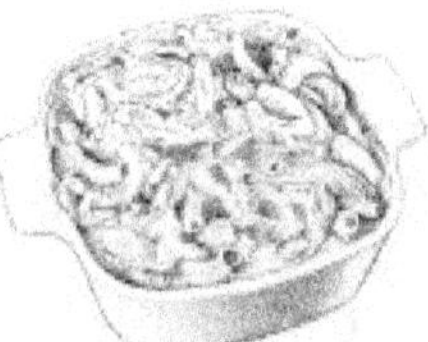

9 781704 888668